MÉTHODE DE LECTURE

... ET ARTICULATION

PAR ... GOUVERNE,

... À LA GRANGE-AUX-BOIS.

SAINTE-MÉNEHOULD,

TYPOGRAPHIE DUVAL-POIGNÉE.

1868.

MÉTHODE
DE LECTURE
PAR SONS ET ARTICULATIONS

PAR GOUVERNE,

INSTITUTEUR A LA GRANGE-AUX-BOIS.

SAINTE-MÉNEHOULD,

TYPOGRAPHIE DUVAL-POIGNÉE.

—

1868.

MÉTHODE DE LECTURE.

1re PARTIE. — Des Syllabes composées à l'aide des articulations et des sons simples.

2e PARTIE. — Des Syllabes composées à l'aide des articulations et des sons composés.

3e PARTIE. — Des Syllabes composées à l'aide des sons simples et des articulations.

4e PARTIE. — Des Syllabes composées à l'aide des sons composés et des articulations.

5e PARTIE. — Exceptions.

RÉCAPITULATION.

PREMIÈRE PARTIE.

a é i o u

a é è ê e i î y o ô u û ù

s r f p

sa sé sê si sy so su se sé

ra ré rê ri rî ry ro ru re rè

fa fé fê fi fo fu fe fè fô fû

pa pé pê pi po pu pe pô pâ

fa si ru pa so fe su sy po pi
ri se

ra fu pé sé fê pe re ro fo sa
pu ré

fi ssu ssé ssa rré ppé ppe

pa–pa. sa–ra. pi–pe. ra–re. sa–pe. fo–ré. pu–re. râ–pé. pa–ré. ri–re. so–fa. pa–ri. si–re. ro–sse. sû–re. pa–ssé. fo–ssé. a–re. è–re. po–re. pa–ssy. ru–sse.

———

pa–ri–a. pa–ru–re. fé–ri–é. a–ssu–ré. sé–pa–ré. a–é–ré. ra–ré–fi–é. é–pi–é. re–pa–ssé. ré–pa–ré. é–pu–ré. pa–pa fe–ra rire. pa–pa a ré–pa–ré sa pi–pe. sa–ra fe–ra sa pa–ru–re.

———

t c g

ta té ti ty to tu tô te tê

ca co cô cà cû cu

ga go gu gà gô gû

ta ty co gu ga ca te cu té
gô tte.

---

ca-fé. gâ-té. fê-te. si-te. cu-
ré. rô-ti. pâ-té. ga-re. é-té.
co-co. ô-té. cô-té. fa-got. tâ-
té. ca-pe. tê-te. ca-rré. co-
pie. co-tte. ca-ssé. ta-pis. ta-
sse. re-pos. repas. pa-ris. si-
rop.

---

fi-gu-re. ca-ra-fe. cu-i-te.
fu-tu-re. su-i-te. pi-ra-te. pi-
é-té. ca-po-te. é-ga-ré. ra-

re—té. sû—re—té. fa—go—té, o-
pé—ré. ga—rro—tté. ca—ro—sse.
é-co-pe. ca—ro—tte. pâ—tu—re.
re-pa-ssé. ré-fu-té. fi—ga—ro.
é-cu-rie. si-ro*p*. re-po*s*. re-
pa*s*. pa-ri*s*. capo*t*. ta-pi*s*. ta—
ffe—ta*s*. ra—ta—fi-a. pu—re—té.

---

j l m n

ja jo ju ji j'y je jé
la lo lu li le lé lô la l'y
ma mo mu mi me mê m'y
na no nu ni ne nê nè n'y

---

ja lu me ni jo j'y le mi me
ne pu

ju la m'y mu né je ji li mo
nu n'y
jé lo ma no jê l'a mê na lle
mma nne

---

jo-li. ra-mé. me-né. se-mé.
lu-ne. li-re. lo-to. ga-le. cô-
ne. mu-le. mê-lé. a-mi. u-ne.
é-pi. ty-pe. fa-né. é-mu. je-
té. u-ni. fi-ni. ju-ré. sé-né.
â-me. ma-ri. no-te. ju-pe.
mû-ri. la-me. pu-ni. fu-mé.
fi-ne. li-me. sa-lé. mu-ni.
ri-me. â-ne. po-li. co-lle.
ga-mme. fo-lle, a-nnée. mo-

lle. se—mis. ma—rée. ga—lop.
mot. si-rop. a—mas. é—tat.

---

a-lè-ne. a—mè-re. ra—me-né.
re—je-té. i-mi—té. u-ti-le. mo-
ra—le. fa-ri—ne. lé—gu—me.
nu—mé-ro. jé-rô-me. sa-li-
ne. pa-ro-le. sa-lu-é. a-ni-
mé. ma-ri-ne. pi-a-no. fu-
i-te. ré-ga-lé. re-cu-lé. no-
é-mi. si-rè-ne. é-mi-le. ga-
lo-pé. jé-ré-mie. é-co-le. u-
ni-té. fa-mi-ne. ré-u-ni.
ra-ma-ssé. ru-mi-né. na-
tu-ré. ga-lè-re. ja-ppé. fi-

la-tu-re. ré-a-li-té. é-ga-
li-té. li-ga-tu-re. fa-ta-li-
té. pa-no-ra-ma. ca-ro-li-
ne. fé-cu-le.

---

la fa-ri-ne pu-re. le rô-ti
sa-lé. le jo-li ca-na-pé. u-ne
fi-gu-re sa-le. la na-tu-re pa-
ré*e*, le lé-gu-me ra-re. la pa-
ro-le a-ni-mé*e*. la fê-te a é-té
gâ-té*e*. la ca-ra-fe a ca-ssé. la
lu-ne pâ-le. u-ne li-me fi-
ne. sa co-lè-re pa-ssé*e*. l'é-
pi mû-ri. le re-pa*s* fini. la
ju-pe re-pa-ssé*e*. la jo-li*e*

fi—gu—re. la ca-ro—tte a—mè—
re. u-ne pe-ti-te ri-go-le.
la no-te fi-nale. u-ne pa-
ro-le a-mi-ca-le. le cô-té
po-li. u-ne a-mi-ti-é é-
ga-le. la cu-lo-tte râ-pée.
le sa-lut a-ssu-ré.

---

pa-pa a ca-ssé sa pi-pe.
ju-les a tu-é u-ne pie. jé-
rô-me fe-ra u-ne ri-go-le.
a-na-to-le i-ra à la fê-te.
ré-né li-ra la mo-ra-le. je
ra-mè-ne l'â-ne à l'é-cu-
rie. ma mè-re a ca-ssé sa

ta-sse à ca-fé. la lu-ne m'a
pa-ru pà-le. l'a-nnée pa-
ssée a é-té u-ti-le à ma ca-
rriè-re. é-mi-le i-ra à la
ca-pi-ta-le. la pe-ti-te mé-
la-nie i-ra à l'é-co-le. ca-
ro-li-ne a fi-lé sa pe-lo-te.
ma-rie a u-ne jo-lie fi-gu-
re. ju-li-a ré-pé-ta la ri-
me. le pi-lo-te a fu-mé sa
pi-pe. jé ré-mie fe-ra ri-re.
ma-ri-a a sa-li sa ju-pe.
ma-ri-a-nne a fi-lé u-ne
mi-nu-te. la fa-mi-ne a ru-
i-né ta mè-re. ju-les a ti-ré

le nu - mé - ro. ju - lie a fa - né
l'é - té pa - ssé. ni - co - las a sa -
li le jo - li ca - na - pé. a - na -
to - le a gâ - té ma pa - ru - re.
u - ly - sse a ré - u - ni la co -
lo - nie.

---

v x z

va vo vu vi vé vê ve
za zo zu zi zé ze
xa xo xi xu xe xé
va zo xi xa zu vê vi ze vô
xe zi vu xé za ve zè.

---

pa - vé. zé - ro. vê - tu. fi - xé.

ga-ze. ra-vi. vo-lé. zè-le.
a-xe. vo-té. zo-ne. sa-xe.
rê-ve. la-vé. va-lu. ri-ve.
ra-ve. zè-le. vi-te. ta-xe.
sè-ve. ca-ve. zo-é. zé-lie.
è-ve. zé-ma.

---

ri-va-le. a-zu-ré. so-li-ve.
vo-lu-me. a-zo-te. vé-ri-té.
sé-vè-re. mé-lè-ze. sa-li-ve.
a-zé-li-ne. é-lè-ve. fa-vo-
ri-te. a-ma-zo-ne. to-pa-ze.
ca-va-le. la-za-re. ja-ve-lot.
ma-xi-me. fi-xi-té.

---

u-ne pa-ro-le sé-vè-re. ré-né a vu la lu-ne. jé-rô-me i-ra à la vi-lle. va-lè-re fe-ra li-re. la-za-re a ti-ré le nu-mé-ro zé-ro. sa-ra la-ve à la ri-vi-è-re. zé-lie a vu la lu-mi-è-re. a-zé-li-ne a re-pa-ssé le tu-lle. ju-les a vu u-ne jo-lie a-ma-zo-ne. jé-ré-mie a fi-xé la ta-xe. a-na-to-le a vu la sa-xe. le pi-lo-te a é-ga-ré le na-vi-re. ca-ro-li-ne a la-vé le pa-vé. jé-rô-me a vu la co-mè-te. zo-é a u-ne ju-

pe fi-ne. ni-co-la*s* a je-té
la ra-me à la ri-vi-è-re.
ma-xi-me i-mi-te-ra sa mè-
re. é-mi-le li-ra vi-te. la
pe-ti-te li-na va à l'é-co-le.
le pe-ti*t* ré-né a é-té pu-ni.
le pi-lo-te a pé-ri. la lu-ne
m'a pa-ru pâ-le. ma ri-va-le
a é-té *ho*-no-ré*e*. la vé-ri-
té a é-té ré-vé-lé*e*.

---

k b d

ki ka bo bu da dé di do
du de
be ba bê dy by

mo-ka. ki-lo. mi-di. bi-le.
bê-te. juda. ba-ttu. ba-lle.
ka-by-le. ba-di-né. bo-bi-
ne. mo-bi-le. do-mi-no. sa-
la-de. ca-na-da. bo-tti-ne.
ca-ma-ra-de. *h*a-bi-le.

---

ju-le*s* a ba-ttu é-mi-le. a-mé-
dé*e* a bu u-ne ta-sse de ca-
fé mo-ka. a-dè-le a u-ne
ro-be de ga-ze fi-ne. pa-pa
bâ-ti-ra u-ne ca-ba-ne. l'â-
ne tê-tu a é-té ba-ttu. la ta-
xe du ta-bac a é-té vo-té*e*.
le lu-xe de la pa-ru-re a

é-té di-mi-nu-é. le lé-gu-
me fa-de fe-ra ma-la-de.
ma-xi-me a fu-mé le ki-lo
de ta-bac. zo-é a sa-li
sa ro-be de ga-ze. ju-les
é-tu-die à l'é-co-le. tu i-
mi-te-ras la pi-é-té de ta
mè-re. je dî-ne sa-me-di à
la vi-lle. sa mè-re lui fe-ra
di-re la vé-ri-té. la cô-te
se-ra a-ba-ttue. jé-rô-me a
dé-vo ré le rô-ti. le ma-la-
de se lè-ve-ra à mi-di.
ma-ri-a-nne dé-vi-de-ra sa
bo-bi-ne. é-mi-le a gâ-té

le jo-li ca-na-pé de pa-pa.
la ma-la-de a a-va-lé la pi-
lu-le. le pe-tit ju-les a ca-
ssé le sa-bot d'é-mi-le. a-
a-mé-dée ré-pé-te-ra la
ri-me. pa-pa ha-bi-te-ra la
vi-lle de pa-ris. le ka-by-le
a tu-é u-ne vi-pè-re. ba-
zi-le a u-ne jo-lie pé-pi-
ni-è-re. ca-ro-li-ne a dé-
bi-té u-ne bo-tte de pe-tits
ra-dis. le mât du na-vi-re
a é-té mu-ti-lé. ro-me a
dé-jà é-té la ca-pi-ta-le
de l'i-ta-lie.

ch ph gn qu

cha ché chi cho chu che
pha phé phi pho phu phe
gna gne gni gno gnu gné
qua que qui quo qué

---

le chê-ne. le chat. u-ne vi-
gne. la ru-che. le ri-che. la
chu-te. u-ne li-gne. le pha-
re. la quê-te. u-ne pi-que.
la co-gnée. u-ne va-che. la
pâ-que. u-ne to-que. le
ba-gne. la pê-che. le pho-
que. so-phie. phi-lo-mè-ne.
é-qui-té. la cha-ri-té. u-ne

si-gna-tu-re. la qua-li-té.
co-lo-gne. phé-no-mè-ne.
phi-lo-mè-le.

---

la va-ni-té ri-di-cu-le a é-
té si-gna-lé*e*. la ta-xe a é-té
si-gné*e*. ma vi-gne a *eu* la
ma-la-die l'a-nné*e* pa-ssé*e*.
la cha-ri-té du di-gne cu-
ré. la pê-che à la li-gne m'a
o-ccu-pé. la va-che a dé-
vo-ré la vi-gne de pa-pa.
la cha-tte a tu-é le ra*t*. jé-
rô-me a tu-é la vi-pè-re
qui a pi-qué phi-lo-mè-ne.

la pe-ti-te so-phie i-ra à
l'é-co-le à pâ-ques. ma-xi-
me i-gno-re la vé-ri-té. le
pi-lo-te a ga-gné la ri-ve
de l'a-ma-zo-ne. phi-li-
ppe a u-ne ba-lle de go-
mme. zé-phi-re a ca-ché sa
li-gne de pê-che. zo-é a ro-
gné sa che-ve-lu-re. le ki-lo
de ca-fé mo-ka a é-té mê-
lé de chi-co-rée.

---

l'a-mi va-lè-re a é-té a-
tta-qué d'u-ne ru-de ma-
la-die. le ca-ma-ra-de de

ju-les a é-té pu-ni à l'é-co-le. u-ne va-che a gâ-té ma vi-gne. zo-é a a-che-té u-ne pa-ru-re de fê-te sa-me-di à la vi-lle. le pè-re jé-rô-me a a-ba-ttu de sa co-gnée le chê-ne de la cô-te. la sa-la-de fe-ra l'u-ni-que re-pas de ta mè-re. ca-ro-li-ne a ta-qui-né la pe-ti-te so-phie. phi-lo-mè-ne a dé-chi-ré sa ro-be de ga-ze. la lu-mi-è-re de la lu-ne a pu me su-ffi-re. ju-lie a-chè-te-ra u-ne ro-

be de ca - li - co*t*. pa_pa va à
la cha - sse à la bé - ca - ssi - ne.
la fa - mi - ne a du - ré u - ne
a - nné*e*. ju - le*s* a dé - ni - ché
u - ne pe - ti - te li - no - tte.
u - ne da - me ri - che a *eu* pi -
ti - é de ta mè - re ma - la - de.
la pe - ti - te ma - rie a dé - vi -
dé la pe - lo - te. a - dè - le a
la - vé sa ju _ pe de ca _ li - co*t*.
ni - co - la*s* a *hé* - ri - té de la ca -
ra - bi - ne de pa - pa. cha - que
fi - dè - le a - do - re la di - vi -
ni - té. é - mi - le a u - ne jo _ lie
fi - gu - re. pa _ pa a u - ne é-

pée ma-gni-fi-que. le vo-
lu-me de la ma-ri-ne que
pa-pa a ra-me-née a é-té
é-va-lu-é. le pe-tit jé-ré-
mie qui a fu-mé a é-té ma-
la-de. pa-pa me pu-ni-ra
si je lu-i ca-che la vé-ri-té.
la pe-ti-te no-é-mi a la fi-
gu-re ma-li-gne. la ta-xe a
é-té a-bo-lie. la fa-mi-ne a
ru-i-né ma chè-re mè-re.
phi-li-ppe a dé-mo-li sa ca-
ba-ne. u-ne co-lli-ne é-le-
vée do-mi-ne la vi-lle.

cra cré cre cri cru cro
pra pre pré pri pru pro
tra tré tri tro tru tre
fra fré fri fro fru fre
gra gré gri gre gro gru
bra brè bri bro bru bre
dra dré dri dro dru dre
vra vré vri vro vru vre
cla clé cli clo clu clè
fla flé fli flo flu fle
pla ple plé pli plo plu
gla glé gli glo glu gle
bla blé ble bli blu blo

---

du blé. le glo-be. le li-vre.

du trè-fle. u-ne plu-me. la clo-che. le prê-tre. la pru-ne. u-ne bri-de. la ta-ble. u-ne flè-che. de la crê-me. le frè-re. le blâ-me. le frê-ne. la fla-mme. la fi-è-vre. le cri-me. la pla-que. du plâ-tre. la brè-che. la clô-tu-re. la grê-le. u-ne rè-gle. l'a-fri-que. le bu-ffle. la glu. u-ne grue. le ti-gre. u-ne gla-ne. du su-cre. de la bri-que. la bi-ble. u-ne gra-ppe. le gra-mme. u-ne bro-che.

u-ne bro-sse. la flo_tte.
le câ-ble. la bru-me.
u-ne bro-sse. le sa-bre. du
sa-ble. la cri-ti-que. l'i-
vro-gne. le mi-ra-cle. le
té-lé-gra-phe. l'o-ra-cle. la
tri-ni-té. l'é-qui-li-bre. le
pa-ra-gra-phe. u-ne cri-
no-li-ne. la ru-bri-que. là
pra-ti-que. le pla-ti-ne.
u-ne a-gra-fe. la fla-tte-rie.

---

la flè-che de la cha-rrue a
flé-chi. le blé a crû vi-te.

a-dè-le li-ra la bi-ble. je plu-me la gri-ve que pa-pa a tu-é*e*. la bri-que du pa-vé se-ra fro-tt*ée*. cla-ra a bro-ssé sa ro-be. la pe-ti-te flo-re a gla-né du blé. l'é-ta-ble de la chè-vre a é-té brû-lé*e*. no-tre cha*t* a é-gra-ti-gné ju-li*e*. la grê-le a ca-ssé u-ne vi-tre de la fe-nê-tre. la cha-tte a cro-qué no-tre fri-tu-re. ni-co-la*s* a dé-chi-ré sa cra-va-te. zo-é a brû-lé sa cri-no-li-ne. ta mè-re a a-che-té

qua-tre ki-lo-gra-mmes de
ré-gli-sse. phi-li-ppe a dé-
fri-ché qua-tre a-res de
trè-fle. ca-ro-li-ne a pris le
ca-fé su-cré. so-phie a eu
le bras fra-ca-ssé. la-za-re
ga-gne-ra le prix. je gra-ve
u-ne pla-que de cu-i-vre.
a-na-to-le a fa-bri-qué de
la tu-i-le. ju-les a dé-chi-
ré le li-vre d'a-mé-dée. le
li-vre de za-i-re se-ra pro-
pre. la plu-ie a dé-gra-dé
no-tre cré-pi de plà-tre.
la bru-me a é-ga-ré la flo-

tte. le blé a é-té se-mé trop dru. thé-o-phi-le a a-che-té le pa-le-tot de drap gris. l'i-vro-gne a ta-ché sa cra-va-te. a-gla-é fe-ra sa rè-gle à mi-di. so-cra-te a pro-cla-mé la ré-pu-bli-que. le pâ-tre a ra-me-né no-tre va-che. la pe-ti-te cla-ra a dû é-cri-re à sa mè-re à l'é-po-que de sa fê-te. phi-li-ppe a gra-vé lu-i mê-me la su-bli-me é-pi-ta-phe. le pa-pe a si-gné la bu-lle. la pe-ti-te flo-re a ca-ssé

le glo-be de la che-mi-né*e*.
é-mi-le a ti-ré la clo-che de
l'é-co-le.

DEUXIÈME PARTIE.

---

o ô au aux eau eaux

eu eux œu œux

où ou oux

oi oix

è ai ei et est ez eh

an am en em

on om eon

in im ym yn ain ein

un um eun

---

fo pau taux beau eaux

eau gau reau veau maux

feu jeux vœu peu reux

pou roux tou sou gou
choux roi loi toi soi choix
voix poix noix lai pei net
n'est nez n'ai chez fai*t*
mai rai rei pan ten lem
lam ram tam sen dan ton
son rom mon l'on l'un
l'in fin rin lim pain sein
fein syn tym faim.

---

le jeu. la pau-me. du feu.
le che-veu. un sou. u-ne
poi-re. u-ne pom-me. un
ty-ran. u-ne lam-pe. un

fou. un ja-loux. du pain.
la faim. le cou-cou. la pei-
ne. la fen-te. la dan-se. lun-
di. du vin. au-cun. cha-
cun. de la lai-ne. la voix.
de la poix. la sou-pe. la
bou-che. du co-ton. un
man-teau. u-ne man-te.
le mai-re. le nez. le fi-let.
la fo-*rêt*. la rei-ne. le ca-
non. le pi-gnon. u-ne quin-
te. la quin-zai-ne. la main.
u-ne vei-ne. le tym-pan.
lim-be. sim-ple. fein-te. la
sei-ne. u-n pei-gne. la

toi-le. u-ne ten-te. ma
tan-te. le tem-ple.

---

di-eu a cré-é le mon-de.
mon ne-veu fe-ra du feu.
la meu-le du mou-lin est
tom-bée. la tau-pe a cou-
pé nos choux. le pin-son a
chan-té au ma-tin dans la
fo-rêt. mon en-cre est très-
noi-re. la vi-gne re-cou-vre
nos co-teaux. l'eau a gâ-té
mon cha-peau de feu-tre.
le vent a en-le-vé beau-
coup de ra-meaux de sa-

pin. l'œu-vre du pein-tre
est ra-vi-ssan-te. ma-man
me fe-ra un beau pan-ta-
lon de sa-tin. zo-é se fe-ra
un ju-pon de co-ton-na-de.
pa-pa a a-che-té un ton-
neau de vin doux. la co-
que de la noix est a-mè-re.
le tem-ple du *ha*-meau est
rem-pli de mon-de. j'ai lu
u-ne rè-gle de syn-ta-xe.
la chaî-ne du pu-*its* est ca-
ssé*e*. le vin de cham-pa-gne
est a-gré-a-ble á boi-re. un
jeu-ne a-gneau bu-vai*t*

dans le cou-rant d'u-ne
on-de pu-re; un loup qui
é-tait à jeun le ren-con-tra,
le prit et le cro-qua au
fond de la fo-rêt. le pa-pe
de-meu-ra pen-dant long-
temps en la vi-lle d'a-vi-
gnon.

---

le vai-sseau a mis à l'an-
cre. ju-les a ré-pan-du
l'en-cre dans son li-vre.
l'i-vro-gne a bu trop de
vin. un bon en-fant o-bé-it
à sa mè-re. di-eu le ré-com-

pen-se-ra. la bon-ne pe-
ti-te ju-lie dit cha-que ma-
tin sa pri-è-re au bon di-
eu. l'en-fant cha-ri-ta-ble
don-ne son pain aux pau-
vres. la vi-gne de pa-pa a
pro-du-it beau-coup de
bon vin l'a-nnée pa-ssée. le
jam-bon sa-lé et sé-ché a
é-té fu-mé à la che-mi-née.
au-cun so-in ne m'in-qui-
è-te. l'ou-ra-gan a dé-gra-
dé le châ-teau. la grê-le a
gâ-té la vi-gne du co-teau.
l'en-ve-lo-ppe du ba-llon

a cre-vé. la bom-be a é-
cla-té sou-dai-ne-men*t*.
t*h*é-o-phi-le a ga-gné u-ne
mon-tre. le lou*p* a dé-vo-ré
un a-gneau. pa-tau*d* est
mon plu*s* fi-dè-le com-pa-
gnon. la va-che nou*s* don-
ne son lai*t*, la bre-bi*s* sa
lai-ne. l'eau de la fon-tai-ne
est lim-pide. le pe-ti*t* phi-
li-ppe a pri*s* un ni*d* de
fau-vet-te*s*. é-mi-le a sai-
gné du nez. jé-ré-mi*e* a
en-ten-du le ca-non dan*s*
le loin-tain. le li-vre de

ma-man est dé-chi-ré. la
fa-mi-ne a du-ré peu. thé-
o-phi-le a ou-bli-é son li-
vre chez eux. j'ai en-ten-du
la clo-chet-te de l'é-co-le.
le maî-tre d'hô-tel a tu-é
un cha-pon. le vent a rou-
lé mon cha-peau dans le
ru-i-sseau. la cou-leu-vre
se ca-che sous la mou-sse.
la ro-be de cla-ri-sse est
tou-te ta-chée. la ré-pon-se
de l'o-ra-cle m'a é-té fa-ta-
le. la ré-pli-que de mon
a-vo-cat m'a é-té fa-vo-ra-

ble. on a pê-ché un pho-
que à l'em-bou-chu-re de
la sei-ne. le pu-tois a pris
un pou-let dans l'é-ta-ble.
la moi-sson a é-té a-bon-
dan-te. a-gla-é a dé-vi-dé
u-ne pe-lo-te de co-ton.
cla-ra a gla-né du blé dans
no-tre champ. o-lym-pe a
brû-lé sa ro-be de soie. j'ai
ga-gné un jo-li cou-teau à
la lo-te-rie. di-man-che j'é-
cri-rai u-ne let-tre à mon
on-cle. pa-pa a me-né du
blé au mou-lin. a-dè-le a

soi-gné ma mè-re ma-la-de. ma tâ-che est pé-ni-ble. ma-man a é-le-vé un gros chat an-go-ra. la cla-sse n'est pas trop sai-ne. le pe-tit a-chi-lle a fait de ra-pi-des pro-grès à l'é-co-le. do-mi-ni-que a fau-ché son pré. u-ne é-toi-le a pa-ru au-de-ssus de l'ho-ri-zon. la tem-pê-te a sou-le-vé le sa-ble de l'a-fri-que. l'au-mô-ne est u-ne œu-vre cha-ri-ta-ble. la fou-dre a é-cla-té au-de-ssus de nous. pau-li-ne chan-te-ra un can-ti-que à ma-rie. mon *fils,* ai-mez vo-tre pro-chain com-me vous mê-me. la fou-dre a brû-lé le mou-lin à vent. le ri-che et le pau-vre sont é-gaux de-vant di-eu.

---

lou lau leu loi lan lei lin lon
lai lun lan lam lein leau
rau rou reux roi ran rai
ren

rei run rin rein ram rom
rem

---

crau creux froi pron gran
vrai tren
crin frein cram trom trem
clau clou fleu gloi plan
plei plin
blon flam bleau clai plein
plen
crou plan fleu crin gran
croi
gloi glon pren plein bleau
cram

ploi crain plain flan tron
   train
clou cram vrai glan brin
   droi drai
flam trom blon prein grain
   prai

---

le trou-peau. la gloi-re. du
crin. la plai-ne. le fleu-ve.
la cram-pe. le bron-ze. u-ne
trom-pet-te. le flam-beau.
du bleu. le li-brai-re. u-ne
plan-te. la plain-te. u-ne
bran-che. du cha-grin. un
chau-dron. le clai-ron. la

prai-ri*e*. l'é-preu-ve. la
crain-te. u-ne trom-be.
u-ne plan-che. un ta-bleau.
le trom-bo-ne. un glou-ton.
le sou-ffle. un croû-ton. le
prin-tem*ps*. la frau-de. la
flan-dre. u-ne croû-te. du
plom*b*. u-ne fron-de.

---

le son du clai-ron. le trou-
peau de bre-bi*s*. la che-ve-
lu-re blan-che de ton on-
cle. le glai-ve de la loi. un
trou pro-fon*d*. un pla-fon*d*
de plà-tre. u-ne trou-pe de

bri-gan*ds*. un gran*d* chau-
dron de cu-i-vre. an-dré
chan-te-ra au lu-trin. a-gla-é
a sa-li sa ro-be blan-che.
le li-brai-re a do-ré la
tran-che de mon li-vre. le
pin-son ré-pè-te son jo-li
re-frain. j'ai a-che-té un
ba-lai de crin. le sou-fre
est d'un fré-quen*t* em-ploi.
phi-li-ppe mè-ne son trou-
peau aux cham*ps*. le fleu-
ve ra-fraî-chi*t* la prai-rie.
la crain-te de di-eu m'em-
pê-che de com-met-tre u-ne

fau-te. le cha-grin nu-it à la san-té. la gaie-té plait. j'ai-me peu la grai-sse. zé-phy-rin com-pren-dra la rè-gle de syn-ta-xe. je chan-te-rai la gloi-re de nos trou-pes *hé-ro-ï-ques* qui ont vain-cu plus que l'eu-ro-pe en-ti-è-re.

---

le bon di-eu ai-me u-ne com-plè-te droi-tu-re. l'em-pi-re ro-main a é-té dé-mem-bré. la dou-blu-re de ma re-din-go-te est dé-chi-

rée. ton frè-re a grim-pé
au som-met de la mon-ta-
gne. la fru-ga-li-té pro-cu-
re la san-té. j'ai *eu* la
cram-pe à la jam-be droi-
te. an-dré fen-dra u-ne
gro-sse bû-che d'é-ra-ble.
que la plai-ne est a-gré-
a-ble et ri-che-men*t* em-
bla-vé*e* de grain*s*. ma plu-
me a trem-pé dan*s* l'en-cre
noi-re. la fla-mme a dé-
vo-ré la chau-mi-è-re. la
cla-sse a é-té é-clai-ré*e* au
pé-tro-le. le cha-rron a

fen-du u-ne plan-che de bois blanc. l'ai-gle est re-dou-ta-ble.

TROISIÈME PARTIE.

---

ac ap af at as ax al ar
ad ab ass
ir if il is ic ix iss
oc of or ol ob os op ox
oss osse
ur ul uf us uc ub up uss
er err erre el ell elle ec
ef eff effe
es ess esse ex ec er el ef
es ep

---

mal mar car par sac sal
mor por sor sol soc pic

fil vif sur sec nef fer bel
pelle chef messe soc bol
mol roc terre tir nul suc.

---

un bal-con. la mar-chan-de.
la lec-tu-re. un cor-ni-
chon. le che-val. un ad-jec-
tif. un cor-beau. un mor-
tel. u-ne car-tou-che. le
ca-rac-tè-re. la cul-bu-te.
la bar-be. un or-meau.
u-ne cou-ver-tu-re. u-ne
mar-mi-te. la val-se. u-ne
ré-vol-te. la ré-col-te. u-ne
vic-ti-me. u-ne fac-tu-re.

le mo-tif. du su-if. u-ne
per-te. du verre. la pes-te.
la pa-resse. u-ne chan-delle.
du mi-el. un ar-se-nal. le
ca-po-ral. un sul-tan. un
sur-plis. un mus-ca-din.
un ma-ré-chal. un sol-dat.
le ré-gal. la pos-te. un fes-
tin. le car-na-val. un mas-
que. l'an-gle-terre. un
par-terre.

---

l'a-mi-ral a mon-té sur le
vai-sseau. vic-tor a dan-sé
au bal. le ma-ré-chal a

fer–ré mon che–val blanc. a–lex–an–dre fe–ra la lec–tu–re. al–bert a ca–ssé mon ca–nif. la mor–su–re du ser–pent est mor–telle. la ré–vol–te a é–cla–té sou–dai–ne–ment. il y a *eu* beau–coup de vic–ti–mes. la pa–resse con–du–it à mal. ton ca–rac–tè–re est bi–zar–re. le ca–po–ral a mon–té la gar–de. au–gus–te est un pa–res–seux. gus–ta–ve est un fa–meux pol–tron. os–car a mis un grain de sel dan*s* sa bou—che. lou—i*s* sup-por—te un ru-de far—deau. es-telle a ré-cu-ré la mar—mi—te. char-le*s* ob-ser-ve-ra la con-si—gne. l'ar-moi-re est plei-ne d'ef—fet*s*. l'ou-ra—gan a dé-vas-té la plai—ne. la clo—chet—te de l'é-co—le nou*s* ap—pelle. fer-di-nan*d* a per-du sa cas-quet—te. le verre est un *corps* ca-ssan*t*. mon en-clos est trè*s* fer—ti-le. la san—té est la ri-chesse la plu*s* en—viée. deux bra*s* *forts* et vigou-reux va-lent mi-eux qu'un ar-pent de terre. la pro-pre-té est in-dis-pen-sa-ble à la bon-ne san-té. con-ser-vez a-vec so-in le grain des-ti-né aux se-mis. an-toi-ne fa-bri-que de la bon-ne chan-delle de su-if. l'é-lé-phant é-bran-le la terre en mar-chant. un frè-re est un a-mi don-né par la na-tu-re.

QUATRIÈME PARTIE.

---

eur œur our oir air

ail aill aille

eil eill eille

euil euill euille

ouil ouill ouille

ill ille

ien enne

oy ay

---

leur. cœur. peur. sœur.
pour. four. soir. voir. l'air.
lair. bail. taille. taill-eur.
ré-veil. con-seill-é. cor-

beille. o-reille. fau-teuil. la feuille. cueill-ir. fouillé. rouille. que-nouille. fe-nouil. brouill-on. che-nille. bille. tour-bill-on. bien. tien. lien. main-tien. é-ti-enne. la si-enne. enne-mi. ga-renne. an-ti-enne. roy-au-me. ray-on. cray-on. un noy-au.

---

la paille s'em-ploie pour fai-re de la li-ti-è-re au bé-tail. le tra-vail est un de-voir au-quel di-eu lui-

mê-me a sou-mis l'hom-
me. le vaill-ant sol-dat a
é-té dé-co-ré sur le champ
de ba-taille. un la-bou-
reur ac-tif a tou-jours de
plus belles ré-col-tes. le
por-tail de l'hô-tel de vi-
lle est ma-gni-fi-que. la
cou-leur ver-te est la plus
ré-pan-due dans la na-
tu-re. l'es-poir re-naî-tra
a-vec la paix. le taill-eur
de la vi-lle m'a fait u-ne
belle re-din-go-te neu-ve.
l'a-beille ti-re le mi-el de

la fleur. la va-peur fait
mou-voir beau-coup de
ma-chi-nes in-dus-tri-elles.
le sou-pi-rail de la ca-ve
est fer-mé. l'air est le gaz
que nous res-pi-rons. os-
car tra-vaille a-vec ar-deur
en cla-sse. le fau-cheur a
cou-pé un ar-pent de blé
dans un jour. le taill-eur
de pi-erres a u-ne or-du-
re dans l'œil. la lu-mi-è-re
du so-leil est é-cla-tan-te.
so-phie a ga-gné la jo-lie
cor-beille d'or. gus-ta-ve

con-du-i-ra nos bes-tiaux à l'a-breu-voir. le som-meil de l'en-fant est tran-qui-lle. phi-li-ppe a mal aux o-reilles. le la-bou-reur ac-tif est à son champ mê-me a-vant le jour, le soir l'y re-trou-ve en-co-re. la peur con-seille mal. res-pec-tez tou-jours la vi-eill-esse. pri-ez di-eu à vo-tre ré-veil. thé-o-phi-le ap-pren-dra u-ne fa-ble par cœur. le fau-teuil de ma grand' mè-re est ren-ver-sé. l'é-cureuil est un pe-ti*t* a-ni-mal très-vif et très-é-veill-é. a-chi-lle a lu le feuille-ton du jour-nal. ma sœur a cueill-i un bou-quet de fleur*s* dan*s* le par-terre. le vau-tour a dé-vo-ré un a-gneau. le ma-la-de a pris son bouill-on. la pa-trouille a sur-pri*s* un mal-fai-teur. la rouille a gà-té mon cou-teau. le fac-teur ap-por-te cha-que ma-tin le jour-nal de pa-pa. la che-nille est un in-sec-te dé-goû-tan*t*.

le pa-pill-on vo-le de fleur en fleur. le grill-on se ca-che dans l'her-be é-pai-sse. ca-mille est u-ne fille de bon-ne fa-mille. le chien est un a-ni-mal do-mes-ti-que. le gar-dien du châ-teau est par-ti. al-phon-se a u-ne bon-ne chi-enne, la mi-enne est en-co-re meill-eu-re. ju-li-enne a cueill-i un œill-et en pa-ssant dans le jar-din. il faut que je par-vi-enne à ê-tre sa-van-te. mon cray-on mar-que bien noir. au-gus-te a plan-té un noy-au de pê-che dans un co-in de l'en-clos. un ray-on de so-leil ré-jou-it le cœur du pau-vre cap-tif. la roy-au-té est u-ne char-ge pu-bli-que. na-po-lé-on a con-quis plus d'un roy-au-me.

---

le vent sou-ffle a-vec fu-reur. l'em-pe-reur est ai-mé de son peu-ple. nos sol-dats ont rem-por-té la

vic-toi-re. no-tre chien a
é-tran-glé un loup. le che-
vreuil a fran-chi la char-
mille. ma sœur a per-du
u-ne bou-cle d'o-reille d'or.
a-lex-an-dre a fait un gros
brouill-on sur son li-vre.
la mu-raille est é-crou-lée.
l'an-gle-terre est un grand
roy-au-me. nos trou-pes
ont tri-om-phé en a-fri-que,
en a-mé-ri-que et par-tout.
le so-leil é-clai-re la terre.
le vo-leur a pris la fu-i-te.
la len-tille est un bon lé-

gu-me. l'i-vro-gne ai-me beau-coup le jus de la treille. ma sœur a fi-lé sa que-nouille. le pays a é-té dé-vas-té par la grê-le. beau-coup de bra-ves sol-dats ont é-té bles-sés à la ba-taille, d'au-tres ont pé-ri. le cul-ti-va-teur a ven-du son blé au mar-ché. la terre est cou-verte de feuilles. le prin-temps a é-té fa-vo-ra-ble aux grains et aux fru-its. le tra-vail ma-nu-el, aux champs sur-tout, fait beau-cou*p* de bien à la san-té. en-fan*ts*, rap-pe-lez-vou*s* en-co-re le pro-ver-be su-i-van*t* : « si vou*s* vou-lez de-ve-nir vi-eux, soy-ez ma-ti-neux. » un ray-on de so-leil di-ssi-pe le brouill-ar*d*. la fla-mme brille jusqu'au mi-li-eu de la che-mi-né*e*. il fau*t* a-voir de bon-ne *h*eu-re le goû*t* du tra-vail. pour ê-tre *h*eu-reux, il suf-fi*t* de la bon-ne san-té et du tra-vail. l'or-gueil est un vi-lain

dé-faut. un bon cul-ti-va-
teur doit ê-tre sa-vant, ac-
tif, pru-dent, ob-ser-va-
teur ; nul-le pro-fes-si-on
in-dus-tri-elle ne ré-cla-me
plus de qua-li-tés. la crain-
te de di-eu sau-ve de la
mort é-ter-nelle. il n'est
pas po-ssi-ble d'a-voir u-ne
seu-le ver-tu, un vrai ta-
lent sans a-mour de la pa-
trie. ai-mons l'em-pe-reur
qui gou-ver-ne no-tre pays
a-vec tant de gran-deur.
la pau-vre-té est com-pa-

gne de la pa-resse. ni l'or
ni la gran-deur ne nous
ren-dent *heu*-reux. bien
mal ac-quis ne pro-fi-te
ja-mais. l'air, l'eau, la lu-
mi-è-re et la cha-leur son*t*
in-dis-pen-sa-ble*s* à la
san-té. crai-gnez la va-peur
du char-bon; elle est mor-
telle. l'eau pu-re est la
meill-eu-re boi-sson. ne
bu-vez ja-mais froi*d* quan*d*
vou*s* ê-te*s* en su-eur. taill-
ez vo*s* ar-bre*s* et vou*s* au-
rez de meill-eur*s* fru-i*ts*.

nous de-vons sou-te-nir
nos pa-rents dans leur vi-
eill-esse. ai-mez di-eu de
tout vo-tre cœur et vo-tre
pro-chain com-me vous-
mê-mes.

CINQUIÈME PARTIE.

---

mes des tes ses ces les
mes li-vres sont per-dus.
tes plu-mes sont du-res.
les feuilles des ar-bres sont
tom-bées. ces en-fants sont
es-piè-gles. au-gus-te a ter-
mi-né ses de-voirs.

ç, c devant e, é, i.
un ma-çon. sa le-çon. le
re-çu. un coup. la fa-çon.
le bal-con. le cu-ré. fa-ça-
de. ca-pa-ble. sur-fa-ce.

pla-cé. ca-le-çon. pla-ci-
de. gar-çon. con-tra-ri-é-té.
con-trai-re. ef-fa-cé. tra-ce.
ra-ce. ra-ci-ne. a-per-çoi*t*.
co-teau. a-ga-çan-te. per-
çan-te. a-li-can-te. u-ne
pla-ce va-can-te.

---

g devant *e*, *é*, *i*.

il est ar-ri-vé un gra-ve
ac-ci-den*t* à la ga-re. eu-
gè-ne a bu de la li-mo-
na-de ga-zeu-ze. le roy-
au-me des ci-eux est pour
ceux qui son*t* sa-ge*s* et

ver-tu-eux. le sin-ge est
très-a-gi-le. la ga-ze est
u-ne é-to-ffe lé-gè-re.

____

gu fait *g* devant une
voyelle, excepté, par
exemple, dans :

ai-gu-ille. va-gue. vo-
gue. fi-gue. fa-ti-gue. fa-
ti-gué. san-guin. fa-ti-
guan*t*. vo-guan*t*. in-tri-gué.
le gué. guet-té. guê-tre.
re-lé-gua. fa-ti-gua.
gui-gne.

____

s entre deux voyelles
fait z.

l'é-gli-se est la mai-son de
di-eu. la ro-se est la fleur
qu'on ai-me le mi-eux.
la gro-seille et la fram-
boi-se sont des fru-its ra-
fraî-chi-ssants. le rai-sin
est su-cré. les pe-tits oi-
seaux dé-tru-i-sent les in-
sec-tes nu-i-si-bles.

en fait in.

ben-ja-min. ven-dé-en.

ga-li-lé-en. sa-bé-en. moy-
en. doy-en.

---

ti fait *ci* dans:

na-ti-on. pu-ni-ti-on. ac-
ti-on. é-du-ca-ti-on. por-
ti-on. par-ti-a-li-té. pa-
ti-en-ce. fa-cé-ti*es*, fac-
ti-eux. *etc.*

---

ed et quelquefois *er*
font *é*,

un ro-cher. le pi-ed. cher-
cher. al-ler. voy-a-ger.
man-ger.

RÉCAPITULATION.

la crain-te du sei-gneur
est le com-men-ce-ment
de la sa-gesse. c'est di-eu
qui en-voie les biens, les
maux, la vie et la mort, la
pau-vre-té et la ri-chesse.
ne fai-tes pas aux au-tres
ce que vous ne vou-dri-ez
pas qu'on vous fît. les con-
seils de la vi-eill-esse sont
d'un grand pro-fit pour la
jeu-nesse. di-eu a po-sé le
tra-vail pour sen-ti-nelle

à la vertu. ai-mez vo-tre con-di-ti-on. on ga-gne ra-re-men*t* au chan-ge. ce-lu-i qui est fi-dè-le dan*s* les pe-ti-te*s* cho-se*s* l'est au-ssi dan*s* les gran-de*s*. l'or-gueil est le com-men-ce-men*t* de tou-te*s* nos er-reur*s*. la re-con-nai-ssan-ce est la mé-moi-re du cœur. qui fai*t* le bien ne re-dou-te per-son-ne. l'*ha*-bi-tu-de des li-queur*s* for-te*s* est fu-nes-te. ne re-dou-tez po-in*t* les bain*s*

pen-dan*t* la ca-ni-cu-le,
c'est la sai-son la plus fa-
vo-ra-ble pour les pren-dre.
ne mar-chez pas nu-pi-ed*s*
sur le car-reau *h*u-mi-de.
le ma-tin, en vous le-van*t*,
la-vez-vou*s* le vi-sa-ge, le
cou, les o-reille*s*, la poi-tri-
ne et les bra*s* a-vec de
l'eau froi-de. il fau*t* au mo-
in*s* un in-ter-va-lle de trois
*h*eures a-prè*s* le re-pa*s* pour
se bai-gner. les bain*s* tro*p*
chau*ds* peu-*vent* cau-ser de
gra-ve*s* ac-ci-den*ts* et même

la mort. les pi-eds doi-vent ê-tre en-tre-te-nus a-vec u-ne ex-trê-me pro-pre-té. la bon-ne san-té dé-pend prin-ci-pa-le-ment de la pro-pre-té. quel-que mo-des-te que soit la te-nue, a-vec du lin-ge pro-pre on est tou-jours con-ve-na-ble. te-nez vos vê-te-ments tou-jours pro-pres. la pro-pre-té des ha-bits les con-ser-ve, de mê-me que la pro-pre-té du corps et de l'ha-bi-ta-tion en-tre-tient la san-té.

quand vos vê-te-ments sont
mouill-és, rem-pla-cez-les
promp-te-ment par des vê-
te-ments secs et chau-ffés.
gar-dez-vous, tra-vaill-eurs
des champs, de boi-re de
l'eau des fo-ssés ou des
ma-res. ne bu-vez ja-mais
très-froid quand vous ê-tes
en su-eur; la mort par as-
phi-xie peut su-i-vre i-
mmé-di-a-te-ment cet-te
im-pru-den-ce. pen-dant
les gran-des cha-leurs, mê-
lez un peu de vi-nai-gre

à l'eau qui vous sert de boi-sson. le som-meil est in-dis-pen-sa-ble à l'ex-is-ten-ce. les veilles trop pro-lon-gées dé-tru-i-sent la san-té. au-cun re-pos ne peut rem-pla-cer ce-lu-i de la nu-it. les so-ins *hy-gi-é-ni-ques* sont au-ssi u-ti-les pour la san-té des a-ni-maux qu'ils le sont pour la san-té des *hom-mes*; par con-sé-quent, te-nez é-ta-bles, é-cu-ries et ber-ge-ries tou-jours pro-

pres ; n'y lai–ssez pas s'a-
ma-sser la pou-ssi-è-re ni
les toi-les d'a-rai-gné*es*, ni
des cho–se*s* de na-tu-re à
cor–rom–pre l'air.

FIN.

Sainte-Ménehould, typ. **Duval**.